AF224327

OBSÈQUES

DE

M. BOUDARD

Maire de VASSIMONT-CHAPELAINE

SUPPLÉANT DE LA JUSTICE DE PAIX, ETC., ETC.

DÉCÉDÉ

AU CHATEAU DE CHAPELAINE

LE 17 AVRIL

1875

OBSÈQUES

DE

M. BOUDARD

Maire de VASSIMONT-CHAPELAINE

SUPPLÉANT DE LA JUSTICE DE PAIX, ETC., ETC.

DÉCÉDÉ

AU CHATEAU DE CHAPELAINE

LE 17 AVRIL

1875

SÉZANNE. — IMPRIMÉRIE-LIBRAIRIE DE A. PATOUX

PROPRIÉTAIRE-GÉRANT DU

COURRIER DE SÉZANNE.

OBSÈQUES

DE

M. BOUDARD

M. Boudard (Sylvain), propriétaire du domaine de Chapelaine et Maire de Vassimont (canton de Fère-Champenoise), est décédé le samedi 17 avril courant, à l'âge de 61 ans. Ses obsèques ont eu lieu le jeudi suivant.

A la foule venue des villages voisins, se mêlaient ses nombreux amis de Paris, Troyes, Chaumont et Châlons-sur-Marne.

MM. le Conseiller général et le Conseiller d'arrondissement pour le canton de Fère-Champenoise, presque tous les Maires et MM. les Fonctionnaires de ce même canton, les Membres délégués du bureau de bienfaisance et de la société de Secours mutuels de cette dernière ville, vinrent rendre leurs pieux hommages à l'honorable défunt qui méritait si bien leurs regrets.

Les coins du poêle étaient tenus par M. le docteur Plicot, son ami, M. Monteil, Juge de paix, dont M. Boudard avait été le premier suppléant, M. Guillemot, ancien maire de Courcelles, chevalier de la Légion d'honneur et deuxième suppléant de la Justice de paix, et M. Brisson, adjoint de Vassimont.

Le deuil était conduit par Mme Boudard elle-même, qui, entourée de sa famille, eut le courage d'accompagner le corps de son mari jusqu'à sa dernière demeure.

A onze heures, l'imposant cortége, trop nombreux pour l'église de Vassimont, assistait dans le plus grand recueillement à l'office funèbre. Déjà, depuis sept heures du matin, s'étaient succédé à l'autel, pour le repos de l'âme du défunt, ses excellents amis, des ecclésiastiques de Troyes, et les prêtres des paroisses voisines.

Après l'absoute, M. l'abbé Sergent, curé de la paroisse de Lenharrée, dont Vassimont est l'annexe, est monté en chaire et a présenté, dans un langage émouvant et élevé, cet éloge de l'homme de bien et du chrétien qui venait de quitter le monde :

†

La Sainte Écriture, Messieurs, avec sa simplicité tout à la fois sublime et inimitable, voulant nous tracer le passage de l'homme sage sur la terre, se contente de le faire par ces quelques mots dignes de toute notre admiration : « *Sapiens in populo hœreditabit honorem, et nomen illius erit vivens in æternum.* L'homme de bien reçoit et transmet l'estime comme un héritage de famille dans la contrée qu'il habite, et son nom vivra à jamais dans le souvenir de tous. » (Eccles., chap. 37, vers. 29.)

Ne puis-je pas, Messieurs, emprunter en toute vérité ces paroles dans cette douloureuse circonstance, et ne semblent-elles pas avoir été écrites pour Celui que tous nous pleurons si amèrement? Cette assistance si nombreuse et si profondément attristée, ces regrets universels, ces derniers témoignages d'amitié et d'estime véritables n'en disent-ils pas assez ?

Il me semble, Messieurs, que j'aurais dû garder le silence en présence d'un deuil aussi profond ; cependant, Messieurs, au nom de cette paroisse, au nom de l'amitié, (pourquoi ne le dirai-je pas?) au nom de la religion surtout, permettez-moi de rendre en toute simplicité, au regretté monsieur Boudard, un dernier et légitime hommage.

Je ne crains pas d'être démenti par aucun de vous, Messieurs, en disant que nul, plus que monsieur Boudard, mérita l'application de cette parole : « *Fuit vir boni consilii,* » ce fut un homme de bon conseil. Un grand nombre d'entre vous pourraient l'attester ici hautement.

Homme d'un jugement sûr et juste, il allait droit à son but, et bien des difficultés se sont comme évanouies sous les inspirations de sa prudence. Ce n'est pas assez dire encore, Messieurs; il sut avec une bienveillance peu commune se faire tout à tous, en tout temps et en toute circonstance, accomplissant ainsi cette parole de l'Apôtre St Paul : « *Charitas benigna est :* la charité est bienveillante. » (2e Épitre aux Corinth. Chap. 13.)

Homme dévoué aux intérêts de tous, rien ne l'arrêtait, et dans ces temps difficiles que nous traversons, monsieur Boudard avait plus que tout autre compris qu'il fallait au pays des hommes généreux, des hommes de cœur. Il s'est montré tel, Messieurs, son dévouement n'a pas failli, et l'administration perd en lui un de ses meilleurs appuis.

Mais, Messieurs, je m'arrête ici, laissant à des voix amies de vous retracer les actes de dévouement et de généreuse abnégation de lui-même qu'il a accomplis, et qui, vous le savez, ont contribué à hâter cette mort si douloureuse et si prématurée.

Homme de bien, homme de bon conseil, homme dévoué, monsieur Boudard fut de plus bon chrétien, et ce n'est pas le moindre sujet de consolation qu'il laisse à sa pieuse veuve et à sa famille éplorée.

Le sentiment religieux, monsieur Boudard le posséda profondément, et depuis bientôt quatre années, j'ai pu apprécier la sincérité de sa foi et la fermeté de ses convictions.

Avoir le courage de ses convictions, voilà déjà qui semble aujourd'hui bien difficile : ce courage, monsieur Boudard le conserva toujours : mais affirmer, attester ses sentiments religieux par des actes, à beaucoup cela semble impossible. Eh bien! Messieurs, chrétien en paroles, monsieur Boudard le fut aussi en actions.

La plupart des événements importants de sa vie, je le sais, furent marqués au coin de la religion. Il nous en a donné naguère des preuves que je puis bien rappeler ici sans craindre désormais de blesser sa modestie. Sa première démarche dans une circonstance qui fit notre joie à tous, en un mot, à son début dans la vie de famille, sa première démarche fut un pèlerinage à l'un de nos sanctuaires vénérés, et son dernier voyage eut encore pour but principal l'accomplissement d'une des grandes obligations de la vie chrétienne.

Vous parlerai-je maintenant de ses derniers moments ?

Ah ! Messieurs, à vous tous je souhaite une résignation aussi chrétienne, des dispositions aussi consolantes.

« Que la volonté de Dieu soit faite ! » répétait-il à chaque instant en baisant avec foi le crucifix, et en se couvrant pieusement du signe de la croix. Son sacrifice, vous le savez tous, dut être douloureux et pénible : il l'a fait chrétiennement et généreusement, conservant jusqu'au dernier soupir ce calme et cette paix de l'âme qu'il avait puisés dans une bonne conscience, et surtout, dans les secours de la religion.

Oui, Messieurs, je le répète, le sentiment chrétien, monsieur Boudard le posséda vivement jusqu'au bout : chrétien par principe et par conviction, il sut apprécier les bienfaits de l'éducation chrétienne : il se fit pendant sa maladie, je dirai plus, quelques instants seulement avant sa mort, l'apôtre et le défenseur de l'éducation religieuse. « Élevez bien votre enfant, » disait-il alors à un ami venu pour lui serrer une dernière fois la main. « Élevez bien votre enfant, mais surtout élevez-le chrétiennement. » Ce fut une de ses dernières paroles : puissiez-vous la conserver dans votre mémoire, pères de famille, et surtout la mettre en pratique : une parole de mourant est toujours vraie, une parole de mourant est toujours chose sacrée.

Et maintenant, Messieurs, que nous reste-t-il à faire?

Ah ! vous l'avez tous compris : espérer et prier! Oui, Messieurs, donnons tous à l'âme de notre regretté défunt ce dernier témoignage d'affection, le seul qui nous soit aujourd'hui possible.

Au revoir donc, cher et regretté paroissien, nous ne sommes séparés que pour un moment ! Au revoir dans le sein de Dieu, au revoir dans l'éternité !

Sur les bords de la tombe, après que le cercueil eut pris sa place dans le caveau de famille, M. Brisson retraça d'une voix émue, et dans les termes suivants, la carrière municipale ou administrative de M. Boudard :

Avant que cette tombe se renferme, permettez-moi, Messieurs, au nom de l'administration municipale et des habitants de cette commune, dont je crois être le fidèle interprète, de venir exprimer nos regrets les plus amers pour celui que nous venons de perdre.

En arrivant au milieu de nous, monsieur Boudard parvint bien vite, par son bon cœur, par son affabilité, à acquérir toutes nos sympathies. Appelé bientôt au Conseil municipal, il devait, un jour, comme Maire, par son intelligence élevée, devenir son meilleur guide dans ses délibérations ; depuis bientôt dix-sept ans qu'il remplissait sa lourde tâche, jamais il ne faillit à son devoir ; et, dans ces derniers temps, de douloureuse mémoire, ne le vit-on pas partir comme otage, au lieu de mettre en cause les intérêts de sa commune.

Enfin, Messieurs, cette cruelle séparation nous prive d'un de nos meilleurs agriculteurs ; car ce fut lui qui, en effet, de ces terres arides de Chapelaine, fit sortir d'abondantes moissons, et étendit de jour en jour de verdoyantes plantations.

Adieu donc, homme de bien, qui laisserez longtemps dans nos cœurs le souvenir d'un de nos concitoyens les plus regrettés.

Adieu, cher monsieur Boudard, ou plutôt au revoir.

Aussitôt après, M. le docteur Plicot prononça le discours qui suit :

Messieurs,

L'empressement de chacun de nous à venir de nos villages et de nos villes pour assister à cette funèbre cérémonie religieuse, le deuil peint sur tous les visages, les regrets unanimes exprimés ne sont-ils pas un éloge suffisant de l'ami que nous venons conduire à sa dernière demeure ? Était-il besoin de vous rappeler la vie de cet homme de bien, de ce travailleur infatigable, de cette intelligence supérieure, qui, soit qu'il s'occupât de commerce, d'agriculture, de finances, d'industrie, d'administration, d'instruction, de justice, sut en tout et partout prodiguer à profusion son esprit, son savoir, son grand cœur et par-dessus tout sa prodigieuse activité ?

Ses amis n'ont pas cru qu'il dût en être ainsi. Ils ont voulu que le maire du chef-lieu de canton, son collègue et son ami retraçàt devant vous les phases de cette vie si noblement remplie. Puisse la tâche qui m'incombe ne pas excéder mes forces!

Monsieur Sylvain Boudard appartient par son père à une de nos plus anciennes familles bourgeoises, et par sa pieuse mère à la noblesse dont son visage et son caractère reflétaient la dignité et la mâle énergie.

A peine sorti du collége de Chaumont, berceau de ses aïeux, où il fit de brillantes études, monsieur Boudard, sourd aux entraînements de la jeunesse, sourd à la voix de son père, qui le croit trop jeune encore pour lui permettre de suivre la voie tracée par ses ancêtres, mais certain de pouvoir les imiter et confiant dans sa force, demande à un oncle une somme importante que celui-ci lui abandonne sans intérêts, fonde à Paris une maison de commerce, en fait en quelques années une maison très-prospère, et grâce à son travail persévérant, à son esprit d'ordre, à sa sévère économie, peut rembourser à son parent les premières avances.

Ces débuts suivis d'un brillant succès, me remettent en mémoire la vie de deux Champenois amis que nous venons de perdre tout récemment à quelques jours d'intervalle.

Massez, que la mort a frappé le premier, avait abandonné il y a quelques années à ses successeurs le soin de diriger l'œuvre de cette grande industrie qu'il avait fondée à Paris et à Châlons, pour venir goûter au milieu des siens les douceurs de cette vie rustique et simple dont il ne s'était jamais départi et doter de ses bienfaits son bon village de Courtisols.

L'autre, Adrien Delahaye, que je suis heureux d'avoir pu aider de mon argent et de mes conseils au début de sa carrière de libraire, vient de succomber, à Paris, dans la force de l'âge au moment où sa place, comme éditeur de médecine de premier ordre, était assurée.

Comme monsieur Boudard, comme tous les grands ouvriers, les vrais ouvriers, ils eurent des débuts pénibles, une jeunesse qui s'accomplit dans les peines et le labeur, et, grâce à Dieu, à leur énergie et à leur intelligence, surent gravir les pentes ardues du chemin de la fortune et de l'honneur.

Monsieur Boudard, nous le savons, s'était libéré envers son bienfaiteur et il lui restait en propre assez d'argent pour subvenir au roulement de fonds dont sa maison de commerce avait besoin, et la mettre à l'abri du crédit. Il avait conquis la liberté à laquelle il aspirait tant.

N'oublions pas, Messieurs, que notre ami était encore dans le feu de la jeunesse et que le moindre entraînement pouvait compromettre, en quelques jours, sa fortune commençante. La liberté chez les hommes de sa valeur, c'est la liberté au bien, au beau, au grand, c'est l'élévation de l'homme par le développement de toutes ses facultés. Tel fut à Paris monsieur Boudard, tel il a été parmi nous et tel il aurait continué d'être si Dieu lui avait accordé une plus longue vie.

Pendant le règne du roi Louis-Philippe dont notre ami se plaisait à exalter les mérites, que l'histoire, disait-il, saura un jour ratifier, si déjà elle ne l'a pas fait, de nombreuses sociétés industrielles s'étaient créées sous la protection du souverain, de ses ministres et de ces hommes vaillants dont la France est riche.

Monsieur Boudard, dont la bouillante énergie se sent mal à l'aise dans sa maison de commerce, ne peut plus se contenir au bruit que font les machines à vapeur. Il lui faut l'air et l'espace; il cède son fonds de commerce à un prix très-avantageux; mais il n'oublie pas que celui à qui il le vend est pauvre et qu'il a été son commis. Il saura subvenir à tous les besoins. De ses capitaux il fait alors trois parts : une première est consacrée à soutenir la maison qu'il a fondée, une autre à créer avec un ami une maison de banque, la dernière à se faire actionnaire de ces sociétés dont le but est d'enrichir la France de ces voies rapides de communication dans la construction desquelles avait su nous devancer l'Angleterre.

Monsieur Boudard, dont la devise fut : le bonheur par le travail, ne pouvait croire que le malheur pût l'atteindre dans sa fortune. Il avait compté sans les révolutions. Le gouvernement qu'il aimait tant venait de sombrer en février 1848, et avec lui l'agriculture, le commerce et l'industrie, c'est-à-dire la fortune de la France.

Ne croyez pas, Messieurs, que notre ami va se laisser éblouir par le mirage de cette liberté que les révolutions font briller aux yeux des masses, et dont l'éclat trompeur égare si facilement les jeunes générations. Vous qui savez comment il la comprend, vous ne serez pas surpris d'apprendre qu'il la fuit comme on fuit un malhonnête homme.

Il quitte Paris, les maisons de commerce et de banque où il a des fonds engagés, emporte avec lui une centaine de mille francs qu'il peut sauver à la hâte du naufrage et se rend à Chaumont près de sa mère, où il attend des temps meilleurs ; à peine arrivé, il y apprend les désastres de toute nature, que les révolutions amènent à leur suite, il y apprend aussi qu'un de ces hommes, dont la profession est de spéculer sur les propriétés, est poursuivi par ses créanciers et qu'une de ses fermes est mise en vente. Cette ferme était la terre de Vaurefroy, ancienne dépendance de la seigneurie de Chapelaine; c'est là, c'est sur ce sol stérile qui a déjà ruiné tant de maîtres, où il saura se faire agriculteur, c'est là où il placera le reste de ses économies, c'est là où il viendra définitivement se fixer. Nous nous rappelons tous ce parisien, qui, en paletot, labourait, ensemençait, moissonnait, toujours le premier levé, le dernier couché, l'œil brillant, le regard franc, la parole vive et spirituelle, donnant à tous l'exemple du travail et de la bonne humeur. Oh! certes, alors plus d'un de nous s'est dit, et je fais appel à leur témoignage, que ce parisien succomberait, comme ses prédécesseurs à la peine et que la ferme ne tarderait pas à être remise en vente. Le travail triomphe de tout, dit la *Sagesse des Nations*, et lui, notre ami, lui l'exemple personnifié du travail sut triompher de ce sol ingrat et le força à rapporter. Ses efforts devaient encore être mieux récompensés. Son père, dont l'œil vigilant quoique éloigné ne faisait jamais défaut, eut pitié de tant de labeurs et oubliant les rêves qu'il avait faits pour son fils bien-aimé, arrive à l'improviste pour lui offrir en cadeau la terre de Chapelaine qu'il venait d'acquérir en son nom. Ce cadeau, superbe en apparence, pour tout autre, peut-être, eût été la ruine; en fils soumis il accepte et sans récrimination il se met courageusement à l'œuvre. Dès ce jour il concentre sur Chapelaine tout son amour ; plus tard quand la fortune lui sourira, quand il sera contraint d'aller de tous côtés surveiller ses propriétés augmentées des héritages paternels et maternels, de veiller attentivement sur ses placements, il reviendra furtivement à Chapelaine, abandonnant à la hâte Chaumont et Paris.

Ne s'est-il pas fait le serment de ne se marier que le jour où il aura fait de son désert un domaine enviable, et de son château une demeure digne de l'épouse à qui il doit donner son nom ? Cet homme si dur pour lui-même, mais dont le cœur était excellent, ne pouvait comprendre qu'il imposât à une jeune femme de trop lourds sacrifices.

Grâce au ciel, la France était revenue de son épouvante, et la révolution de 1848 n'avait laissé dans l'esprit du Français, si facile à émouvoir, mais en même temps si oublieux, qu'un vague souvenir ; la prospérité du pays renaissait, l'agriculture, le commerce et l'industrie reprenaient leur premier essor, les capitaux de monsieur Boudard étaient sauvés. Ne croyez pas qu'il songeât au repos. Les hommes de sa valeur ne se reposent jamais, ils meurent sur le champ de bataille. L'apprentissage que notre ami avait fait à sa terre de Vaurefroy lui permet de tenter davantage et d'accomplir le prodige de la transformation du domaine de Chapelaine qui avait englouti tant de fortunes.

Il sait mener de front la reconstruction et l'emménagement du château et des fermes, l'amélioration dans la culture et l'exploitation de ces mille hectares que comprend son domaine.

Les bâtiments de la ferme sont en ruines, il les relève; le moulin ne marche plus, il le répare, il construit au besoin un moulin à vent pour venir en aide au premier dans les années de sécheresse. Le château dont les belles salles du style Louis XV avaient servi d'écuries est complètement restauré, les jardins sont entourés de belles grilles, merveilleusement entretenus, ornementés et rafraîchis par des bassins qu'alimentent des jets d'eau vive.

Les vieilles plantations de sapins, dont les plus anciennes remontent au marquis de Panges, ne prospèrent plus, il les abat; là où le sol est bon, il ensemence; là où il est mauvais il replante. Chapelaine s'enrichit de deux nouvelles fermes qu'il construit et dont il a dirigé l'exploitation jusqu'à sa mort.

Les seigles ne se vendent pas, les froments

sont de qualité inférieure, vite il monte une distillerie dont l'alcool est livré au commerce; les résidus servent à la nourriture des bestiaux, et, conséquence obligée, augmentent les engrais dont sa terre a besoin.

La bande noire qui s'était abattue sur Chapelaine, comme des corbeaux avides, a vendu tout ce qu'il y a de meilleur dans la propriété et n'a conservé que deux ou trois hectares de prés. Il saura remédier à cette insuffisance de prairies. Au-dessus du moulin s'élevait la vieille motte féodale où furent successivement édifiées la forteresse que Thibault-le-Grand donna en échange à Andry de Nogent, et la tour du beau château de style renaissance construit par Largentier. Cette butte énorme est abattue, les terres servent à combler les fossés et à exhausser le sol des prés trop marécageux. Monsieur Boudard ne regretta jamais les nombreux sacrifices qu'il dut faire pour mener à bonne fin une pareille œuvre, car il avait enrichi sa propriété d'une prairie plus étendue et pourvue d'un foin de meilleure qualité.

Pour aider notre ami dans des entreprises aussi vastes, il lui fallait des hommes dévoués, honnêtes et laborieux. Il sait les discerner, les attacher à sa fortune, en faire des amis, et le cortége d'estime et de regrets dont ses serviteurs entourent sa bière, atteste hautement leur mérite et la bonté de celui qui fut leur maître.

Monsieur Boudard avait sauvé du morcellement l'antique domaine de Chapelaine, il avait prouvé que ce sol naguère ingrat devait rapporter et que, s'il ne pouvait encore enrichir son maître, du moins il ne le ruinerait plus. Aussi, avec quelle joie franche, quelle bonne humeur, notre ami savait nous peindre sa satisfaction du résultat obtenu !

Ce qu'il avait demandé à Chapelaine, ce n'était pas la fortune, mais le triomphe d'une idée : Chapelaine peut nourrir son maître.

Eh ! qu'avait-il besoin de la richesse lui, qui par ses seules forces était arrivé à la fortune, bientôt grossie de l'héritage de ses parents ? Son père et sa mère meurent à quelques années d'intervalle ; ce sont des fermes, ce sont des grands capitaux à administrer, rien ne pourra l'arrêter, il saura subvenir à tout, il sera toujours son propre intendant ; rien jusqu'à la fin ne pourra mettre un frein à son activité dévorante, la richesse ne l'éblouira jamais, il restera toujours économe et travailleur obstiné.

Le commerce réclame des chemins de fer, l'industrie a besoin de capitaux, nos savants déclarent que l'ancien et le nouveau monde peuvent correspondre en quelques minutes, que la Méditerranée et la Mer Rouge peuvent mélanger leurs eaux et qu'ainsi le voyage des Indes sera raccourci de plusieurs milliers de lieues, que les Alpes peuvent être percées et nous mettre en communication rapide avec l'Italie; — vite il livre ses capitaux; — il ne voit qu'une seule chose, la grandeur de l'idée servie par la moralité et l'intelligence de ceux qui sont à la tête de l'entreprise.

La spéculation éhontée lui a toujours fait horreur. Aussi de quels sarcasmes mordants flétrissait-il ces sociétés financières qui trop longtemps ont déshonoré le pays!

L'homme ne s'appartient pas seul, il se doit à la société, et quand il en est digne, il est des charges publiques qu'il est de son devoir d'accepter.

Monsieur Boudard devint donc successivement Maire de Vassimont, Suppléant de la Justice de paix du canton de Fère-Champenoise, Délégué cantonal; dans ces diverses fonctions il sut rester lui-même, il n'exigea pas le respect, mais il força à l'attention, il savait tant de choses qu'il pouvait rester simple sans ostentation; il écoutait, questionnait, et avec sa parole vive, spirituelle, claire, facile, il savait répondre aux uns et aux autres. Sa belle mémoire, ses nombreuses connaissances, sa grande expérience toujours pratique, l'exactitude de ses observations, la droiture de son jugement savaient lui concilier tout le monde.

Dans un siècle où chaque homme peut aspirer à des fonctions administratives, il est difficile de comprendre que les électeurs du canton n'aient pas appelé monsieur Boudard à les occuper.

Pour nous, Messieurs, qui avons connu sa modestie, qui savons les efforts qu'il fallait lui faire pour l'entraîner dans l'arène électorale, la réponse est facile. Peu fait pour ces sortes de luttes, trop fier pour s'abaisser souvent à des actes qui répugnent à la conscience, il devait succomber, mais sa personnalité n'a jamais été amoindrie dans la lutte.

L'homme, Messieurs, s'use vite à de pareils travaux. Pour résister à la fatigue et à l'épuisement il ne faut pas seulement une volonté ferme, une intelligence supérieure, il faut aussi un corps vigoureux. La nature avait doué notre ami d'un tempérament nerveux qui lui a permis de répondre dans une certaine mesure à la tâche qu'il s'était imposée, mais ses organes étaient délicats, sa poitrine impressionnable aux variations brusques de la température, de là cette maladie à laquelle il était sujet et qui se compliqua d'une pneumonie dans un dernier voyage qu'il fit à Paris.

Il revint en toute hâte à Chapelaine où sa

digne épouse sut lui prodiguer les soins les plus empressés, mais la science médicale fut impuissante à le sauver.

Vendredi dernier, sentant sa fin approcher, il fit venir auprès de lui son épouse et sa toute jeune fille, ses nombreux serviteurs et les amis qui se trouvaient présents. Alors commença une solennelle et attristante cérémonie ; il embrassa sa femme et son enfant, les pressa sur son cœur, fit approcher les assistants, leur serra la main, leur fit ses adieux qu'il accompagna de paroles appropriées à la position et au caractère de chacun d'eux, puis conservant toujours son intelligence, il pria son digne curé de vouloir bien lui donner les derniers sacrements et récita à haute voix l'oraison dominicale. Toute l'assistance était à genoux dans l'attitude du recueillement, admirant, priant, étouffant ses pleurs.

Quelques heures après, monsieur Boudard avait rendu son âme à Dieu.

Tel fut, Messieurs, l'homme, le grand honnête homme que nous venons de perdre, il sut être riche sans faste, charitable sans ostentation, toujours secourable pour le travailleur honnête, aimable et spirituel, heureux au milieu des siens, heureux auprès de sa vénérable mère, heureux dans la compagnie de son enfant adorée et de sa douce compagne.

qui oublieuse des joies du monde, avait mis son orgueil et son bonheur à embellir Chapelaine de sa présence, à prodiguer à son mari les attentions les plus délicates et à l'aider dans ses travaux.

Pleurons, Messieurs, cette mort, mais sachons nous rappeler longtemps cette vie si noblement remplie qui porte en elle d'austères enseignements.

Boudard, mon ami, pardonne-moi d'avoir rappelé dans un éloge que j'aurais voulu rendre plus digne de toi, les mérites que ta modestie savait si bien cacher pendant ton existence, laisse-moi te rappeler combien nous t'aimions et daigne accepter les regrets unanimes de ceux qui sont venus conduire tes dépouilles mortelles au champ du repos, près de ta mère bien-aimée. Puissent nos âmes un jour se rencontrer au ciel et se réunir dans une éternelle amitié ! Adieu.

La foule vivement impressionnée, après les dernières prières, s'écoula silencieuse, emportant le souvenir d'une vie en effet « si noblement remplie. »

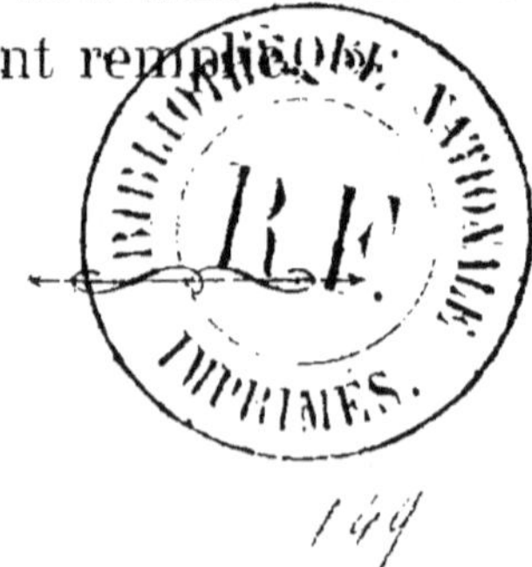

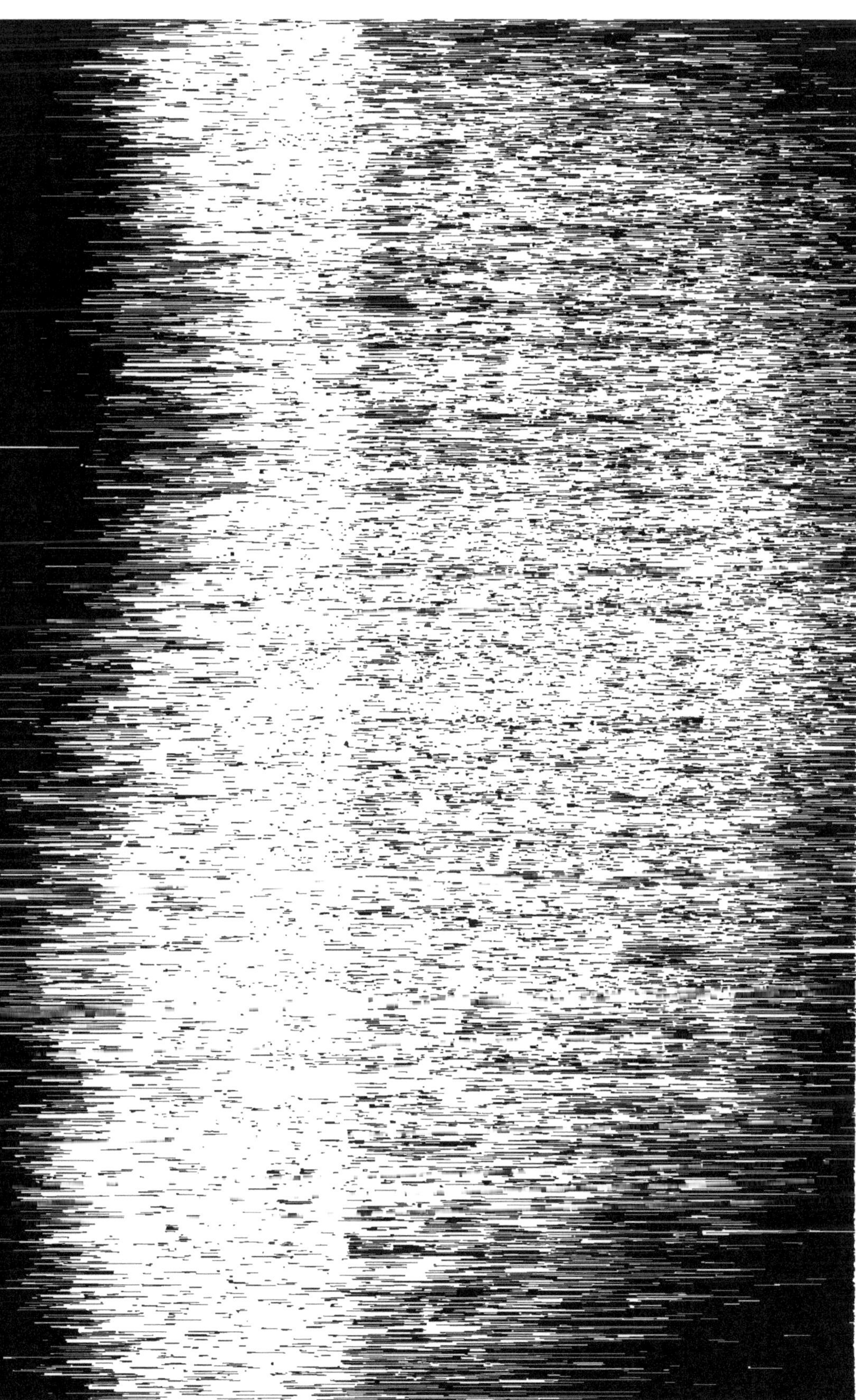

SÉZANNE. — IMPRIMERIE-LIBRAIRIE DE A. PATOUX

PROPRIÉTAIRE-GÉRANT DU

COURRIER DE SÉZANNE.

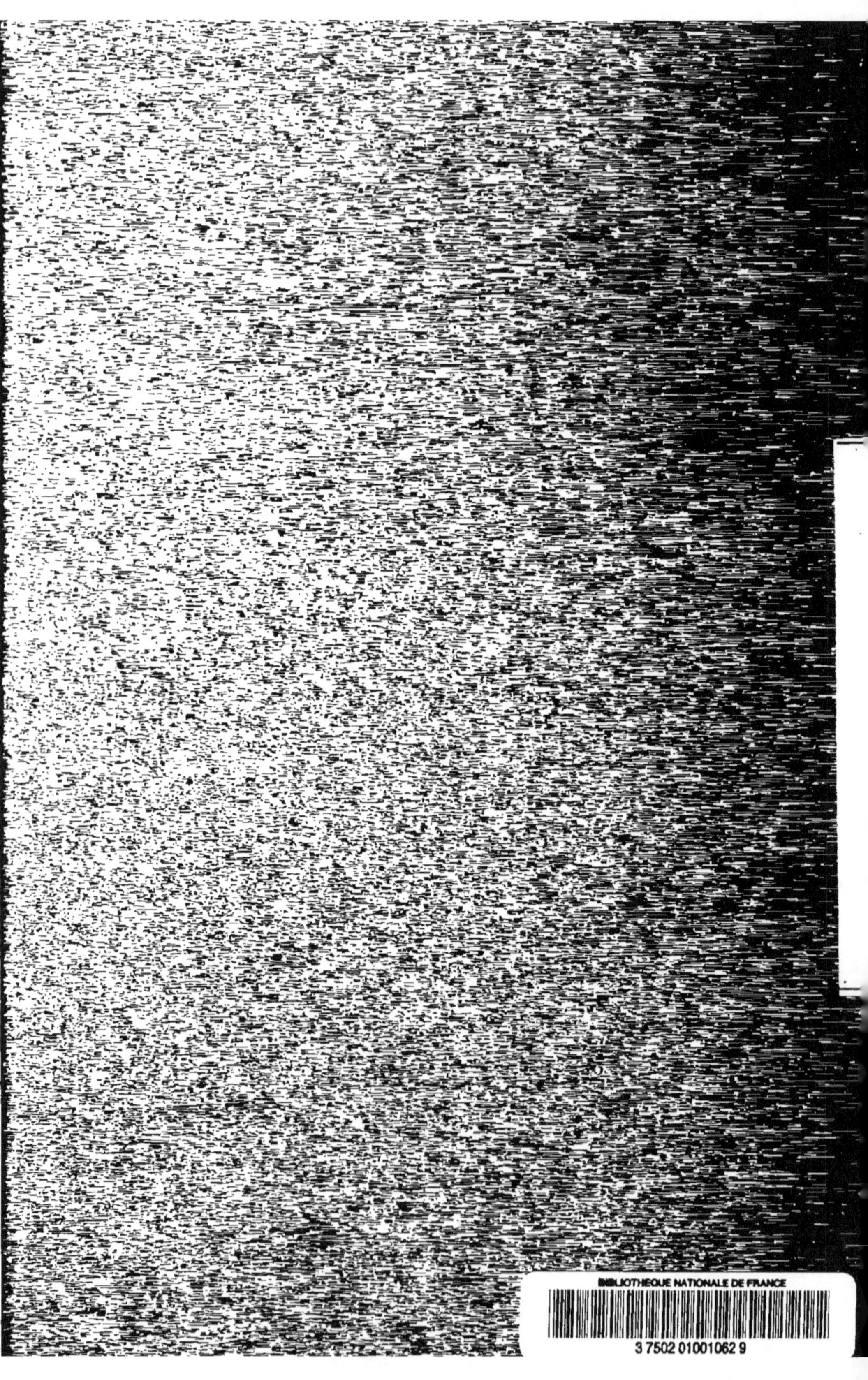